# Inhaltsverzeichnis

# Vorwort und Vorbemerkungen

Liebe Kolleg*innen,

bereits im ersten Schuljahr werden die ersten Rechtschreibstrategien angebahnt und in den weiteren Schuljahren der Grundschule geübt und vertieft. Hierzu benötigt man umfangreiches differenziertes Material, um allen Kindern gerecht zu werden.

Oft sucht man in zahlreichen Lehrwerken und Übungsheften geeignetes Material und erstellt darüber hinaus noch eigene Arbeitsblätter.

Schluss mit der Sucherei! Im Rechtschreibprofi Band 3 finden Sie für Ihre Schüler*innen zahlreiche differenzierte Übungen zur Orthografischen Strategie.

Das Material beinhaltet Übungen zu
- den besonderen Buchstaben a / ä, au / äu,
- Nomen,
- doppelten Konsonanten und Vokalen,
- ie,
- Verlängerung und
- silbentrennendes -h und Dehnungs-h.

Die einzelnen Themen sind zweifach differenziert ( ✎ leicht / ✎✎ anspruchsvoll – siehe rechter Seitenrand) und einheitlich aufgebaut. Es können immer auch beide Arbeitsblätter eingesetzt werden, falls noch zusätzliche Übungen benötigt werden. Der textliche Inhalt der Aufgabenblätter ist nicht identisch. Auf den Seiten 3 – 10 finden Sie die zugehörige Regel zu jedem Thema (Merksätze). Sinnvoll ist es, diese vergrößert im Klassenraum auszuhängen, sodass alle Kinder während der Bearbeitung darauf zurückgreifen können.

Wir wünschen Ihnen viel Freude und Erfolg mit unseren Materialien und hoffen, dass wir Ihnen damit das Suchen nach geeignetem Übungsmaterial erleichtern konnten.

Sonja Schneider und Katja Zigan

Liebe Lehrkraft,
wir möchten in unseren Materialien niemanden benachteiligen oder diskriminieren.
Daher nutzen wir unter anderem das Gendersternchen, um alle Geschlechter anzusprechen. In Texten für Schüler*innen verzichten wir jedoch aus Gründen der besseren Lesbarkeit darauf und nutzen weiterhin entweder die „neutrale“ Form oder Doppelformen. Selbstverständlich sind stets alle Geschlechter gemeint.

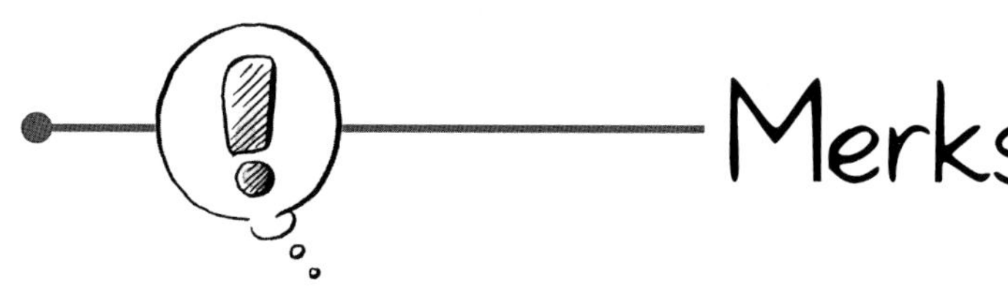


a / ä

ä kommt meist von a:

der W**a**ld – die W**ä**lder

k**a**lt – k**ä**lter

schl**a**fen – sie schl**ä**ft

**Tipp:** Wenn du unsicher bist, ob das Wort mit e oder ä geschrieben wird, suche ein verwandtes Wort mit a. Findest du kein verwandtes Wort mit a, dann schreibe das Wort mit e.

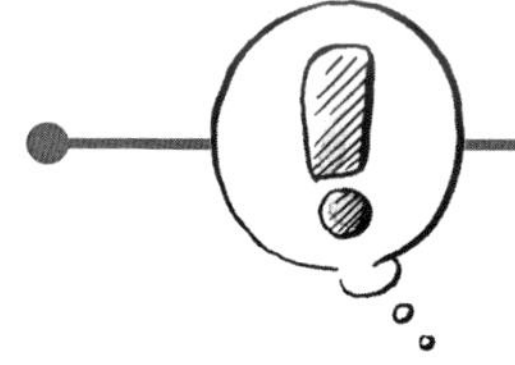

Merksatz

au / äu

äu kommt meist von au:

der B**au**m – die B**äu**me

l**au**fen – sie l**äu**ft

der Tr**au**m – tr**äu**men

**Tipp:** Wenn du unsicher bist, ob ein Wort mit äu geschrieben wird, finde ein verwandtes Wort mit au. Findest du kein verwandtes Wort mit au, schreibe das Wort mit eu.

# Merksatz

## Nomen werden großgeschrieben

Nomen (Namenwörter) schreibst du immer groß!
Nomen (Namenwörter) können Lebewesen, Dinge, Gefühle / Gedanken und Eigennamen sein:

| **Lebewesen** | **Dinge** | **Gefühle / Gedanken** | **Eigennamen** |
|---|---|---|---|
| die Katze | die Tasche | die Liebe | Tanja |
| der Mann | der Stuhl | der Zorn | Peter |
| das Kind | das Spiel | das Vertrauen | Köln |

Nomen haben einen Artikel (Begleiter): der, die, das
Eigennamen haben keinen Artikel (Begleiter).

Du kannst die meisten Nomen (Namenwörter) in den Plural (Mehrzahl) setzen:

| **Singular (Einzahl)** | **Plural (Mehrzahl)** |
|---|---|
| die Katze | viele Katzen |
| der Stuhl | viele Stühle |
| die Sorge | viele Sorgen |

# Merksatz

## Zusammengesetzte Nomen

Zusammengesetzte Nomen (Namenwörter) bestehen aus zwei Nomen.
Das erste Nomen nennt man **Bestimmungswort.** Das zweite Nomen ist das **Grundwort.**
Der **Artikel** (Begleiter) des zusammengesetzten Nomens richtet sich nach dem Grundwort.

**Beachte:**

| **Beispiel:** | der Herbst | + | das Laub | = | das Herbstlaub |
|---|---|---|---|---|---|
| | Bestimmungswort | | Grundwort | | zusammengesetztes Nomen |

Manchmal muss bei zusammengesetzten Nomen ein Buchstabe eingefügt werden, damit man das Wort besser aussprechen kann. Diese Buchstaben nennt man **Fugen-s, Fugen-e** und **Fugen-n.**

**Fugen-s:**
der Liebling + das Tier = das Lieblings**s**tier

**Fugen-e:**
der Hund + das Futter = das Hund**e**futter

**Fugen -n:**
die Tasche + das Messer = das Tasche**n**messer

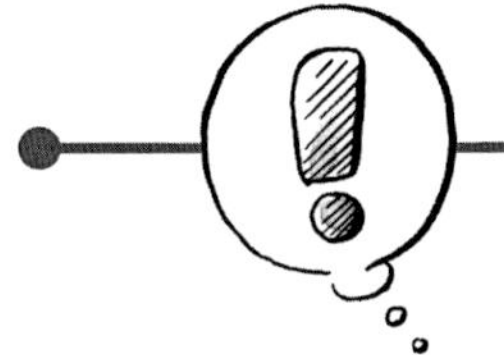

## Merksatz

**Zusammengesetzte Nomen**

**Verb + Nomen**

Zusammengesetzte Nomen (Namenwörter) können auch aus einem Verb und einem Nomen bestehen.
Das erste Wort nennt man **Bestimmungswort.** Das zweite Wort ist das **Grundwort.**
Der Artikel (Begleiter) des zusammengesetzten Nomens richtet sich nach dem Grundwort. Die Endung -en / -n des Verbs fällt weg und das zusammengesetzte Wort wird großgeschrieben.

| **Beispiel:** | schreiben | + | der Tisch | = | der Schreibtisch |
|---|---|---|---|---|---|
| | Bestimmungswort<br>(Verb) | | Grundwort<br>(Nomen) | | zusammengesetztes Nomen<br>(Nomen) |

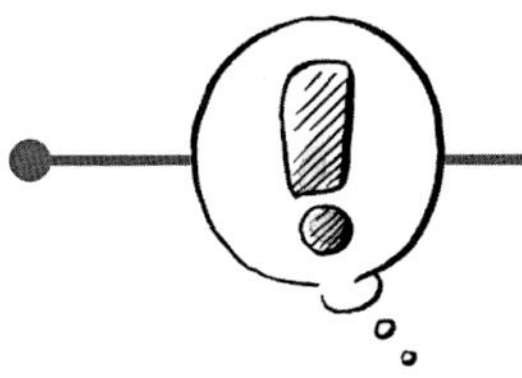

## Merksatz

**Zusammengesetzte Nomen**

**Adjektiv + Nomen**

Zusammengesetzte Nomen (Namenwörter) können auch aus einem Adjektiv und einem Nomen bestehen.
Das erste Wort nennt man **Bestimmungswort.** Das zweite Wort ist das **Grundwort.**
Der Artikel (Begleiter) des zusammengesetzten Nomens richtet sich nach dem Grundwort. Das zusammengesetzte Wort wird großgeschrieben.

| **Beispiel:** | hoch | + | das Haus | = | das Hochhaus |
|---|---|---|---|---|---|
| | Bestimmungswort<br>(Adjektiv) | | Grundwort<br>(Nomen) | | zusammengesetztes Nomen<br>(Nomen) |

## Merksatz – Doppelter Konsonant

Nach einem kurzgesprochenen Vokal (Selbstlaut a, e, i, o, u) schreibst du einen doppelten Konsonanten.

**Beispiel:**
Kurzgesprochener Vokal: Mit - te

Langgesprochener Vokal: Mie - te

**Tipp:** Schwinge die Silben. Bei einem Nomen mit nur einer Silbe musst du das Wort verlängern (das Bett – die Betten).

Wörter mit einem doppelten Vokal (aa, ee, oo) sind Merkwörter!

die Waage, der Saal

der Schnee, der See

das Boot, der Zoo

Hörst und sprichst du am Ende einer Silbe einen i-Laut, so schreibst du meist ein ie.

**Beispiel:**

Bie - ne　　　　Kin - der

offene Silbe „Bie"　　　　geschlossene Silbe „Kin"

Du sprichst das e nicht. Du sprichst das i lang aus.
**Wörter, die ohne „e" geschrieben werden, aber trotzdem lang gesprochen werden, sind Merkwörter:**
wir, dir, mir, ihr, ihn, ihm, Tiger, Maschine, Igel

**Verlängerungsprobe: Auslautverhärtung d / t**

**Merke:**

Wenn du unsicher bist, wie ein Wort am Ende geschrieben wird, verlängere es:

der Hund – die Hun**d**e

rund – der run**d**e Ball

## Merksatz

**b / p**

**Verlängerungsprobe: Auslautverhärtung b / p**

**Merke:**
Wenn du unsicher bist, wie das Wort am Ende geschrieben wird, verlängere es:

der Die**b** – die Die**b**e
gel**b** – das gel**b**e Heft

## Merksätze

**g / k**

**Verlängerungsprobe: Auslautverhärtung g / k**

**Merke:**
Wenn du unsicher bist, wie das Wort am Ende geschrieben wird, verlängere es:

der Ber**g** – die Ber**g**e
klu**g** – das klu**g**e Kind

## Merksatz – Silbentrennendes -h

Das silbentrennende -h hörst du immer, wenn du das Wort in Silben sprichst.

**Beispiele:**

Schu - he

ge - hen

se - hen

Hinter einem langen Vokal steht oft ein Dehnungs-h (stummes -h).

Folgen nach einem Vokal **m, r, l** oder **n,** dann steht das Dehnungs-h.

BVK • Sonja Schneider / Katja Zigan: Rechtschreibprofi Band 3

Name: ______________________ Datum: ______________

## Übung 1: a / ä

1. Kreise a und ä im Wort ein. Benutze einen farbigen Stift.

die Fäden
der Apfel
die Hände
der Schrank
das Band
das Rad
die Bänke
die Gläser
der Wald
der Faden
das Glas
die Wälder
die Ärzte
die Schränke
der Arzt
die Bänder
die Bank
die Räder
die Äpfel
die Hand

2. Suche zu jedem Wort in der Einzahl das verwandte Wort in der Mehrzahl. Verbinde! Schreibe die Wortpaare zusammen in dein Heft. Schreibe so: die Bank – die Bänke

| Einzahl | Mehrzahl |
| --- | --- |
| die Bank | die Schränke |
| der Schrank | die Räder |
| die Wand | die Bänke |
| die Hand | die Wände |
| das Rad | die Kräfte |
| die Kraft | die Hände |
| das Gras | die Mäntel |
| der Apfel | die Säcke |
| der Sack | die Männer |
| der Mann | die Äpfel |
| der Mantel | die Gräser |

Name: ______________________ Datum: ______________

# Übung 1: a / ä

1. Male die passenden Reimpaare in der gleichen Farbe an.
Schreibe sie zusammen in dein Heft.
Schreibe so: die Bänke – die Schränke

die Bänke | die Hände | die Räder | die Schätze

die Gräser | die Kämme | die Wände | die Dämpfe

die Bäder | die Dächer | die Schwämme | die Schränke

die Ställe | die Gläser | die Plätze

die Länder | die Kämpfe | die Zähne | die Fächer

die Bänder | die Hähne | die Bälle

2. a) Verwandte Wörter (Nomen): Bilde die Mehrzahl.

| Einzahl (Singular) | Mehrzahl (Plural) |
|---|---|
| der Schrank | die Schränke |
| der Kamm | |
| das Glas | |
| der Kranz | |
| das Land | |
| das Dach | |
| der Platz | |

b) Schreibe passende Wörter von Aufgabe 2. a) in die Lücken.

Zu Weihnachten binden wir ______________ aus Tannenzweigen.

Felix räumt die ______________ in den Schrank.

Der Trainer ruft: „Auf die ______________ , fertig, los!“

Name: ______________________ Datum: ______________

# Übung 2: a / ä

1. Verwandte Wörter (Verben): Welche Wörter gehören zusammen? Verbinde! Schreibe die Wortpaare in dein Heft.

| | |
|---|---|
| ich halte | er fällt |
| ich fange | es bläst |
| ich blase | er hält |
| ich falle | sie lädt |
| ich lade | sie fängt |
| ich empfange | sie rät |
| ich grabe | er schläft |
| ich rate | er gräbt |
| ich wachse | es empfängt |
| ich schlafe | es wächst |

2. Verwandte Wörter (Adjektive – Nomen): Schreibe a / ä in die Lücken. Welche Wörter gehören zusammen? Male sie jeweils in der gleichen Farbe an. Schreibe die Wortpaare in dein Heft.

w__rm    die Sch__rfe    fl__ch

l__ng    die W__rme    die Fl__che    st__mmig

sch__rf    die H__rte    die Gef__hr

st__rk    die N__he    der St__mm    kr__ftig

h__rt    die L__nge    die Kr__ft

n__h    die St__rke    die K__lte    k__lt

Name: ______________ Datum: ______________

# Übung 2: a / ä

1. a) Verwandte Wörter (Verben):

Schreibe das Verb in der 3. Person Singular (er, sie, es) auf.

| | | | |
|---|---|---|---|
| halten | er hält | fangen | es |
| schlafen | es | fahren | er |
| graben | er | fallen | sie |
| lassen | sie | waschen | er |

b) Schreibe ein passendes Verb aus Aufgabe 1. a) in die Lücken.

Tom ______________ am Wochenende gerne aus.

Sina ______________ mit ihrem Fahrrad zum See.

Papa ______________ die dreckige Wäsche.

Der Maulwurf ______________ in der Erde.

Lisa ______________ von der Schaukel und verletzt sich am Arm.

2. a) Steigere die Adjektive.

kalt – kälter – am kältesten

stark – ______________

warm – ______________

lang – ______________

alt – ______________

hart – ______________

b) Schreibe ein passendes Adjektiv aus Aufgabe 2. a) in die Lücken.

Lena ist ______________ als ihre Schwester.

In Afrika ist es ______________ als in Deutschland.

Meine Mutter ist ______________ als ich.

Meine Oma ist ______________ .

Im Winter ist es ______________ als im Sommer.

BVK • Sonja Schneider / Katja Zigan: Rechtschreibprofi Band 3

Name: ______________________ Datum: ______________

# Übung 3: a / ä

Welche Wörter gehören zu einer Wortfamilie? Male sie an.
Benutze für jede Wortfamilie eine andere Farbe. Schreibe alle Wörter einer Wortfamilie zusammen auf.

die Erkältung | wärmen | die Kälte | die Gefährdung | erkälten

färben | gefährden | die Färbung | warm | die Gefahr | farblos

die Wärme | kalt | die Farbe | gefährlich | die Erwärmung

1. ______________________
2. ______________________
3. ______________________
4. ______________________



---

Name: ______________________ Datum: ______________

# Übung 3: a / ä

Finde die 10 Wörter mit a / ä und ○ kreise sie ein.
Schreibe alle Wörter aus einer Wortfamilie zusammen in dein Heft.
★-Aufgabe: Suche jeweils ein weiteres Wort aus der Wortfamilie und schreibe es dazu.

| K | A | L | T | X | E | R | K | L | Ä | R | U | N | G | Y | S |
|---|---|---|---|---|---|---|---|---|---|---|---|---|---|---|---|
| Z | W | D | G | H | J | K | S | Q | G | K | L | B | C | S | C |
| J | Ä | N | D | E | R | U | N | G | F | T | S | J | S | Ö | H |
| V | B | N | M | K | Z | T | R | W | Q | S | T | M | T | G | A |
| S | C | H | Ä | D | L | I | C | H | P | Z | A | J | Ä | U | D |
| I | E | H | D | N | D | C | H | Ä | S | Y | R | G | R | O | E |
| Ü | E | R | K | Ä | L | T | U | N | G | R | K | H | K | U | N |
| A | N | D | E | R | S | Y | K | L | A | R | M | Ö | E | H | K |

Name: ______________________ Datum: ______________

# Übung 1: au / äu

1. Suche au und äu! Kreise au und äu im Wort ein.
   Benutze einen farbigen Stift.

der Baum　der Traum　die Bäume
die Sträucher　die Räume　der Schaum
der Raum　kaufen　das Haus
die Maus　der Strauch　die Mäuse
träumen
die Häuser　die Laus　die Schäume
die Bäuche　der Verkäufer
räumen　die Faust　die Läuse　die Träume
der Läufer　der Bauch　die Fäuste　laufen

2. Verwandte Wörter (Nomen): Suche zu jedem Wort in der Einzahl das verwandte Wort in der Mehrzahl. Verbinde!
   Schreibe die Wortpaare zusammen in dein Heft.

| | |
|---|---|
| der Baum | die Stäube |
| der Zaun | die Bäume |
| der Raum | die Mäuse |
| der Staub | die Zäune |
| die Sau | die Schläuche |
| die Maus | die Räume |
| das Haus | die Kräuter |
| der Schlauch | die Säue |
| das Kraut | die Häuser |

BVK • Sonja Schneider / Katja Zigan: Rechtschreibprofi Band 3

Name: ____________________ Datum: ____________

# Übung 1: au / äu

1. Welches Wort reimt sich? Schreibe das Reimwort auf die Linie.

die Bäume ____________________

der Käufer ____________________

die Mäuse ____________________

räumen ____________________

die Bäuche ____________________

die Räume ____________________

der Läufer • träumen • die Läuse • die Schläuche • die Träume • die Schäume

2. a) Bilde die Mehrzahl.

| Einzahl (Singular) | Mehrzahl (Plural) |
|---|---|
| der Raum | die Räume |
| der Traum | |
| der Baum | |
| das Haus | |
| der Schlauch | |
| die Maus | |
| der Bauch | |
| die Laus | |

b) Schreibe passende Wörter von Aufgabe 2. a) in die Lücken.

Im Wald gibt es viele verschiedene ____________________ .

In unserer Straße stehen zehn ____________________ .

Lukas und Eva haben zu viele Süßigkeiten gegessen. Jetzt tun ihnen die

____________________ weh.

Name: ______________________ Datum: ______________

# Übung 2: au / äu

1. Verwandte Wörter (Verben): Welche Wörter gehören zusammen?
Verbinde! Schreibe die Wortpaare zusammen in dein Heft.

| | |
|---|---|
| der Traum | räumen |
| der Schaum | der Läufer |
| der Raum | einzäunen |
| der Zaun | träumen |
| laufen | der Räuber |
| kaufen | schäumen |
| bauen | der Käufer |
| rauben | das Gebäude |

2. Welche Wörter gehören zu einer Wortfamilie? Male sie an.
Benutze für jede Wortfamilie eine andere Farbe.
Schreibe alle Wörter einer Wortfamilie zusammen auf.

der Schaum
der Zaunkönig
kaufen
die Verkäuferin
eingezäunt
verlaufen
schäumen
aufgeschäumt
der Läufer
der Zaun
verkäuflich
zäunen
der Käufer
der Aufschäumer
laufen
läuft

BVK • Sonja Schneider / Katja Zigan: Rechtschreibprofi Band 3

Name: ______________________ Datum: ______________

# Übung 2: au / äu

1. Schreibe das richtige Wort in die Lücken.
Das Beweiswort mit au hilft dir!

Matti träumt von einem Drachen. (der Traum)

Der Gärtner ______________ den Garten ein. (der Zaun)

Lina ______________ zur Schule. (laufen)

Emilia ______________ ihr Zimmer auf. (der Raum)

Mama ______________ die Kinder mit Seife ein. (der Schaum)

Die Kekse ______________ im Backofen. (braun)

Der Glöckner ______________ die Kirchturmglocken. (laut)

Die Ziege ______________ das Wasser. (saufen)

Felix ______________ sein dreckiges Fahrrad. (sauber)

2. Finde die 10 Wörter mit au / äu und ○ kreise sie ein.
Schreibe die Wörter aus einer Wortfamilie zusammen auf.
★-Aufgabe: Suche jeweils ein weiteres Wort aus der Wortfamilie und
schreibe es mit auf.

| R | A | U | M | X | R | D | W | R | H | Y | X | J | J | L | A |
|---|---|---|---|---|---|---|---|---|---|---|---|---|---|---|---|
| A | W | D | D | Y | Ä | D | T | R | Ä | U | M | E | N | B | T |
| L | Q | B | X | O | U | G | F | W | B | Z | B | G | F | I | R |
| R | K | A | K | G | B | S | Q | R | B | R | A | U | N | X | A |
| Ä | G | U | D | W | E | Q | U | X | J | I | L | S | L | F | U |
| U | D | E | B | L | R | Z | H | B | K | L | W | Q | H | S | M |
| M | S | N | N | G | A | J | B | R | Ä | U | N | E | N | W | Z |
| E | Q | X | T | S | Q | O | Z | P | Ä | S | F | G | K | R | W |
| N | A | G | E | B | Ä | U | D | E | C | R | A | U | B | E | N |

Name: ______________________ Datum: ______________

# Übung 1: Nomen werden großgeschrieben

1. Nomen (Namenwörter) werden großgeschrieben.
   - Ordne die Nomen (Namenwörter) den Bildern zu.
   - Schreibe auch den Artikel (Begleiter).
   - Markiere den großen Buchstaben gelb.

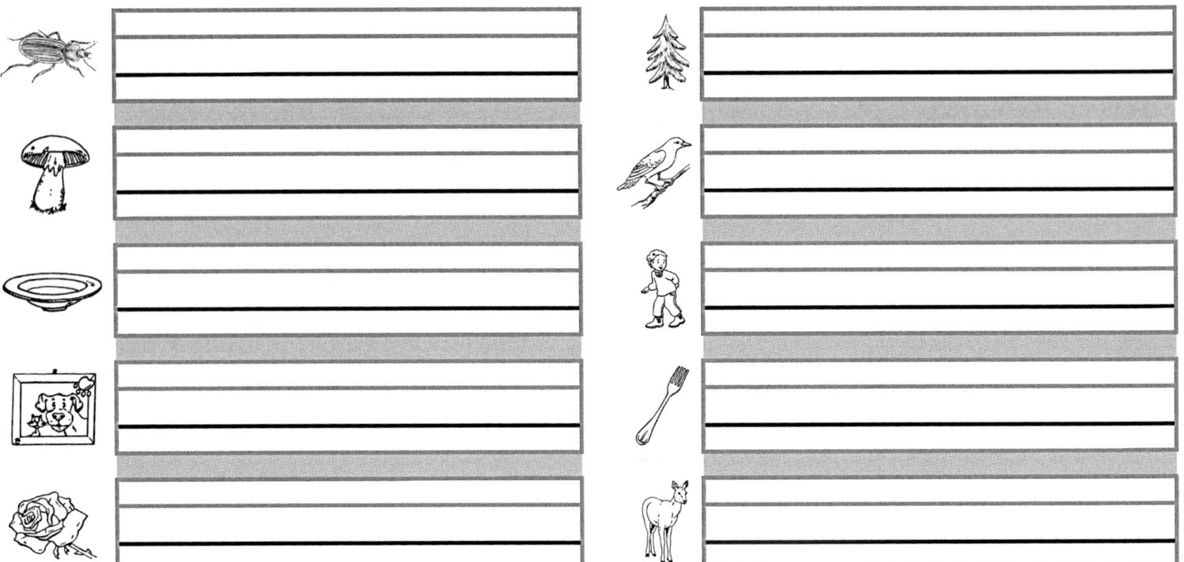

2. Ordne die Nomen (Namenwörter) in die entsprechende Spalte ein.

| die Rose | der Fuchs | das Gras | das Mädchen |
|---|---|---|---|
| die Tante | der Igel | das Pferd | der Baum |
| die Tanne | der Junge | der Vater | die Eule |
| der Hund | der Arzt | der Busch | die Maus |
| der Strauch | der Verkäufer | der Esel | die Oma |

| Menschen | Tiere | Pflanzen |
|---|---|---|
| | | |
| | | |
| | | |
| | | |
| | | |
| | | |
| | | |

BVK • Sonja Schneider / Katja Zigan: Rechtschreibprofi Band 3

Name: ______________________ Datum: ______________

# Übung 1: Nomen werden großgeschrieben

1. Nomen (Namenwörter) sind Menschen, Tiere, Pflanzen, Dinge, Gefühle und Gedanken. Ordne die Nomen (Namenwörter) in die richtige Spalte der Tabelle ein. Schreibe sie mit Artikel (Begleiter) auf.

das Pferd • der Kalender • der Baum • die Rose • die Hose • das Auto • das Mädchen • der Vogel • der Stift • die Kerze • die Frau • das Heft • der Bär • das Sofa • der Strauch • der Salat

| **Lebewesen (Menschen, Tiere, Pflanzen)** | **Dinge** |
|---|---|
| | |
| | |
| | |
| | |
| | |
| | |
| | |
| | |
| | |

2. Male die 10 Nomen (Namenwörter) blau an, die Gefühle oder Gedanken sind. Schreibe sie in dein Heft.

| | | | | |
|---|---|---|---|---|
| die Kuh | die Freude | die Freunde | der Käfer | die Wut |
| die Trauer | die Brille | die Angst | die Qual | der Spaß |
| der Fuchs | der Großvater | das Bett | der Tisch | die Gabel |
| der Schreck | das Glück | der Ärger | das Messer | der Hunger |
| die Entspannung | der Himmel | die Verzweiflung | die Sonne | der Brief |

Name: ______________________ Datum: ______________

# Übung 2: Nomen werden großgeschrieben

Nomen haben einen Artikel (Begleiter): der, die oder das.
Male in jeder Zeile das Nomen (Namenwort) blau an.
Schreibe das Nomen (Namenwort) mit seinem Artikel (Begleiter) auf.
Achte darauf, das Nomen (Namenwort) großzuschreiben!

| | | | |
|---|---|---|---|
| toll | (wir) gehen | ball | der Ball |
| haus | rot | (wir) spielen | |
| fuchs | (wir) jagen | frisch | |
| (wir) packen | schnell | brille | |
| fluss | (wir) stehen | frei | |
| krank | traum | (wir) turnen | |
| selten | (wir) machen | lied | |
| schnee | schön | (wir) feiern | |
| dünn | sonne | (wir) arbeiten | |
| zeugnis | bestimmt | (wir) denken | |
| (wir) essen | zoo | bloß | |
| brücke | (wir) teilen | ohne | |
| (wir) wachsen | urlaub | brav | |
| häufig | zeit | (wir) fahren | |
| (wir) malen | kühl | stoff | |
| deutlich | (wir) backen | bäcker | |
| reh | treu | (wir) sehen | |
| vielleicht | (wir) schreiben | höhle | |
| straße | spät | (wir) suchen | |
| (wir) lieben | wald | grün | |

Name: ____________________ Datum: ____________

# Übung 2: Nomen werden großgeschrieben

Nomen (Namenwörter) haben einen Artikel (Begleiter).
Der Artikel (Begleiter) steht nicht immer direkt vor dem Nomen (Namenwort)!
Füge den richtigen Buchstaben ein.
**Beispiel:** das **B**ild → Das Mädchen malt das **sch**önste **B**ild.

| | |
|---|---|
| F f | der ____rosch |
| G g / F f | Der ____rüne ____rosch quakt laut. |
| B b | der ____all |
| B b / B b | Der ____unte ____all rollt ins Tor. |
| M m | die ____usik |
| L l / M m | Die ____aute ____usik dröhnt aus dem Lautsprecher. |
| M m | das ____esser |
| Sch sch / M m | Das ____arfe ____esser schneidet sehr gut. |
| H h | die ____öhle |
| D d / H h | Die Kinder gehen in die ____unkle ____öhle. |
| F f | der ____uchs |
| R r / F f | Der ____ote ____uchs rennt durch den Wald. |
| V v | die ____ase |
| G g / V v | In der ____roßen ____ase sind Blumen. |
| R r | die ____ose |
| R r / R r | Im Garten blühen ____ote ____osen. |

Name: ____________________ Datum: ____________

# Übung 3: Nomen werden großgeschrieben

Wenn du ein Wort in den Plural (Mehrzahl) setzen kannst, wird das Wort großgeschrieben. Ordne die Nomen (Namenwörter) in die Tabelle ein.

| der Tisch | die Blume | der Schlüssel | das Kind |
|---|---|---|---|
| der Stuhl | die Tische | der Fisch | die Blumen |
| die Kinder | die Stühle | das Paket | das Lied |
| die Pakete | die Schlüssel | die Fische | der Apfel |
| die Lieder | die Äpfel | der Wald | das Flugzeug |
| die Wälder | das Bett | die Flugzeuge | die Betten |

| **Singular (Einzahl)** | **Plural (Mehrzahl)** |
|---|---|
| der Spatz | viele Spatzen |
| | |
| | |
| | |
| | |
| | |
| | |
| | |
| | |
| | |
| | |
| | |
| | |

Name: ______________________ Datum: ______________

# Übung 3: Nomen werden großgeschrieben

Ergänze die Tabelle.

| Singular (Einzahl) | Plural (Mehrzahl) |
|---|---|
| das Lied | |
| | viele Betten |
| der Apfel | |
| die Tasse | |
| | viele Städte |
| | viele Hunde |
| der Baum | |
| die Frau | |
| | viele Frösche |
| | viele Kinder |
| der Traum | |
| | viele Männer |
| die Nuss | |
| die Gefahr | |
| die Angst | |
| | viele Brillen |
| | viele Bilder |
| der Saft | |
| | viele Boote |
| | viele Pferde |
| der Monat | |
| das Jahr | |
| | viele Länder |

Name: ______________________ Datum: ______________

# Übung 4: Nomen werden großgeschrieben

Hier ist alles kleingeschrieben! Unterstreiche die Nomen blau.
Kreise die Satzanfänge gelb ein. Schreibe die Sätze richtig ab.
**Beachte:** Satzanfänge werden großgeschrieben.

1. die vögel bauen ein nest.

   Die Vögel bauen ein Nest.

2. im frühling blühen die blumen.

3. im winter fallen schneeflocken.

4. die kinder bauen einen schneemann.

5. im sommer scheint die sonne.

6. die kinder schwimmen im pool.

7. im herbst fallen die blätter von den bäumen.

8. die bauern ernten das obst und gemüse.

9. die kerze brennt im advent.

10. an weihnachten stellen die kinder den weihnachtsbaum auf.

Name: ______________________ Datum: ______________

# Übung 4: Nomen werden großgeschrieben

Unterstreiche das Nomen blau. **Achtung:** Es ist alles kleingeschrieben!
Schreibe die Wörter richtig auf.

| | |
|---|---|
| der hungrige löwe | der hungrige Löwe |
| das laute geräusch | |
| die spitze nadel | |
| der große gorilla | |
| das kalte wasser | |
| die kleine schnecke | |
| der alte mann | |
| das junge mädchen | |
| der stinkende käse | |
| das fürchterliche gespenst | |
| der schreckliche traum | |
| die große wut | |
| der treue hund | |
| die schnelle katze | |
| der braune bär | |
| das schnelle auto | |
| der lange satz | |
| die wundervolle liebe | |
| das tolle theater | |
| die grenzenlose freude | |
| die freundlichen lehrer | |

BVK • Sonja Schneider / Katja Zigan: Rechtschreibprofi Band 3

Name: ______________________ Datum: ______________

# Übung 1: Zusammengesetzte Nomen

1. Bilde aus zwei Bildern zusammengesetzte Nomen (Namenwörter).
   Schreibe sie mit Artikel auf.

Butterbrot • Blumenvase • Eisbär • Fensterbank • Apfelbaum • Tischbein • Handschuh • Sonnenbrille

**Beispiel:**  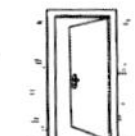 = die Haustür

______________________

______________________

______________________

______________________

______________________

______________________

______________________

______________________

2. Trenne die zusammengesetzten Nomen (Namenwörter).
   Schreibe sie mit ihrem Artikel (Begleiter) auf. Achtung! Das zweite Wort wird nun auch großgeschrieben.

die Tischlampe = 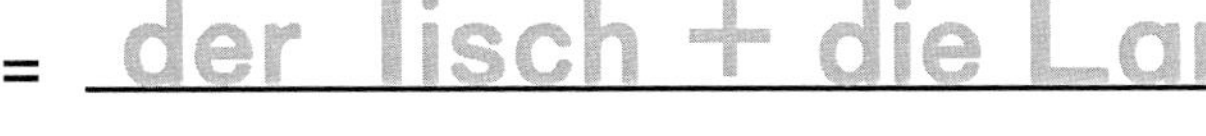


der Fingernagel = ______________________

der Gartenzaun = ______________________

die Sportstunde = ______________________

die Hausaufgabe = ______________________

das Baumhaus = ______________________

die Glastür = ______________________

die Brotdose = ______________________

die Fingerfarbe = ______________________

das Handtuch = ______________________

Name: ______________________ Datum: ______________

# Übung 2: Zusammengesetzte Nomen (Fugen-n und -s)

1. Bilde zusammengesetzte Nomen (Namenwörter). Achte auf das Fugen-n.
   Schreibe die Nomen mit ihrem Artikel (Begleiter) auf.
   Markiere das Fugen-n gelb.

die Woche + das Ende = das Woche**n**ende

die Hose + die Tasche = ______________________

die Tasche + die Lampe = ______________________

das Auge + die Farbe = ______________________

die Seife + der Schaum = ______________________

die Straße + die Bahn = ______________________

die Sonne + die Brille = ______________________

die Stunde + der Plan = ______________________

die Blume + der Topf = ______________________

2. Bilde zusammengesetzte Nomen (Namenwörter) und schreibe sie mit ihrem Artikel (Begleiter) auf. Denke daran, dass man Nomen großschreibt.
   Markiere das Fugen-s gelb.

der Esel + das Ohr = das Esel**s**ohr

das Gesicht + die Creme = ______________________

der Advent + der Kranz = ______________________

der Liebling + das Buch = ______________________

die Geburt + der Tag = ______________________

die Weihnacht + der Abend = ______________________

der Urlaub + die Zeit = ______________________

der Eingang + die Tür = ______________________

der Verkehr + das Schild = ______________________

Name: ______________________ Datum: ____________

## Übung 3: Zusammengesetzte Nomen (Fugen-e)

Bilde zusammengesetzte Nomen (Namenwörter). Achte auf das Fugen-e.
Schreibe die Nomen mit ihrem Artikel (Begleiter) auf. Markiere das Fugen-e gelb!

der Hund + die Schnauze = die Hund**e**schnauze

der Hund + die Leine = ____________

der Hund + der Knochen = ____________

das Pferd + die Mähne = ____________

das Pferd + der Stall = ____________

das Pferd + der Mist = ____________

der Tag + das Buch = ____________

das Bad + der Tag = ____________



Name: ______________________ Datum: ____________

## Übung 3: Zusammengesetzte Nomen (Fugen-n, -e und -s)

Schreibe jeweils drei zusammengesetzte Wörter mit den vorgegebenen Nomen auf. Achte auf das Fugen-n, -e und -s!

die Pause: ____________

____________

____________

das Bad: ____________

____________

____________

der Liebling: ____________

____________

____________

Name: ______________________ Datum: ______________

## Übung 4: Zusammengesetze Nomen (Verb + Nomen)

Bilde zusammengesetzte Nomen (Namenwörter). Achte auf die Endung des Verbs. Schreibe die Nomen mit ihrem Artikel (Begleiter) auf.

baden + die Hose = ______________________

turnen + der Schuh = ______________________

fahren + das Rad = ______________________

springen + das Seil = ______________________

spielen + der Platz = ______________________

schreiben + das Heft = ______________________

reiten + der Stall = ______________________

reisen + die Tasche = ______________________



Name: ______________________ Datum: ______________

## Übung 4: Zusammengesetze Nomen (Verb + Nomen)

Suche dir 3 zusammengesetzte Nomen aus.
Bilde mit ihnen sinnvolle Sätze und schreibe sie auf.

die Badehose • das Lesebuch • der Reitstall • das Schwimmbad •
die Turnhalle • der Spielplatz • der Wickeltisch • die Spardose

1. Wort: ______________________

1. Satz: ______________________

2. Wort: ______________________

2. Satz: ______________________

3. Wort: ______________________

3. Satz: ______________________

BVK • Sonja Schneider / Katja Zigan: Rechtschreibprofi Band 3

Name: ______________________ Datum: ______________

## Übung 5: Zusammengesetze Nomen (Adjektiv + Nomen)

Bilde Nomen (Namenwörter) aus einem Adjektiv und einem Nomen.
Schreibe das Wort mit seinem Artikel (Begleiter) auf.

groß + die Mutter = ______________________

voll + der Mond = ______________________

kühl + der Schrank = ______________________

alt + das Papier = ______________________

geheim + die Schrift = ______________________

stark + der Regen = ______________________

klein + die Stadt = ______________________

bunt + der Specht = ______________________



---

Name: ______________________ Datum: ______________

## Übung 5: Zusammengesetzte Nomen (Adjektiv + Nomen)

Suche dir 3 zusammengesetzte Nomen aus.
Bilde mit ihnen sinnvolle Sätze und schreibe sie auf.

die Großmutter • die Schönschrift • der Schnellzug • das Gruselskelett • der Bösewicht • das Hochhaus • der Buntspecht • das Faultier

1. Wort: ______________________

1. Satz: ______________________

2. Wort: ______________________

2. Satz: ______________________

3. Wort: ______________________

3. Satz: ______________________

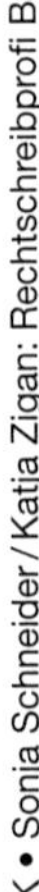

Name: ______________________ Datum: ______________

# Übung 1: Doppelter Konsonant

1. Schwinge und zeichne die Silben. Markiere den kurzen Vokal gelb und den doppelten Konsonanten rot. Achte darauf, dass dein Silbenbogen auch am Silbenende endet.

| | | | |
|---|---|---|---|
| die Mitte | die Brille | schnell | schreiben |
| das Wasser | die Silbe | doppelt | tanzen |
| der Brunnen | finden | die Kette | kleben |
| schwimmen | die Gießkanne | die Spinne | mieten |
| kennen | der Stapel | die Sonne | die Wolle |

2. Zeichne die Silbenbögen unter das Wort.
Schreibe das Wort getrennt auf.

| | | |
|---|---|---|
| der Teddy<br>der Ted-dy | die Flagge | die Puppe |
| die Gruppe | der Bagger | die Treppe |
| der Pudding | die Suppe | müssen |

Name: ______________________ Datum: ______________

# Übung 1: Doppelter Konsonant

1. Doppelter Konsonant oder nicht? Markiere den langen Vokal mit einem Strich (_) und den kurzen Vokal mit einem Punkt (.).

a) Setze f / ff und m / mm ein.

| | | | |
|---|---|---|---|
| der A___e | das Zi___er | der Lö___el | ho___en |
| O___en | der So___er | er ka___ | die Wa___el |
| der Ha___er | die La___pe | der Ko___er | ste___peln |

b) Fülle l / ll oder n / nn in die Lücken.

| | | | |
|---|---|---|---|
| a___e | die Spi___e | fa___en | der Ha___s |
| er ka___ | spie___en | ho___en | die Ta___e |
| fa___gen | die Ha___e | der Do___er | so___en |

c) Fülle s / ss oder t / tt in die Lücken.

| | | | |
|---|---|---|---|
| das Wa___er | der Be___en | die Ke___e | die Flie___e |
| die Nu___ | die Ta___e | le___en | die Mu___er |
| tre___en | flü___ig | die Kla___e | er ha___ |

2. Verbinde die passenden Silben und schreibe das Wort auf. Zeichne die Silbenbögen. Markiere den kurzen Vokal gelb und den doppelten Konsonanten rot.

| | |
|---|---|
| Wet | sen |
| Fül | ne |
| Quel | ler |
| Ton | ter |
| Kis | le |
| Tan | fen |
| Wat | ne |
| tref | te |

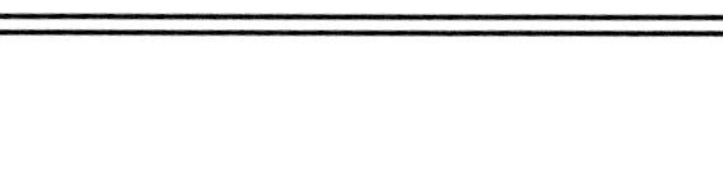

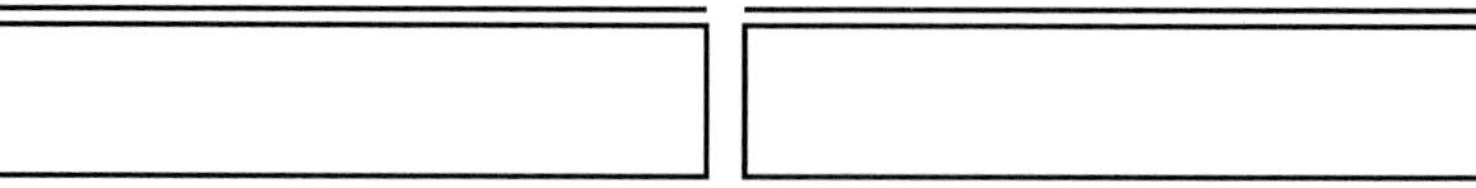

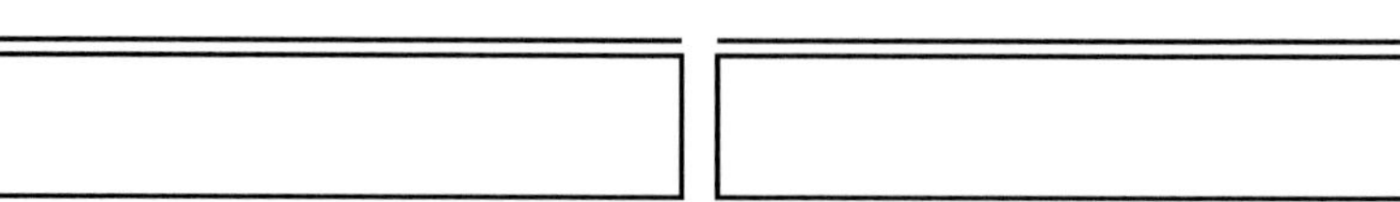

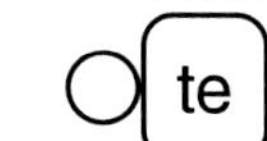
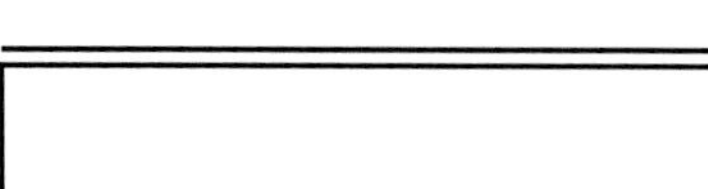
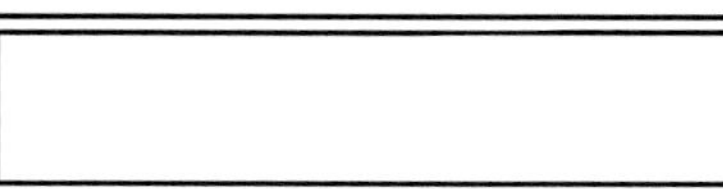

BVK • Sonja Schneider / Katja Zigan: Rechtschreibprofi Band 3

Name: ______________________ Datum: ______________

# Übung 2: Doppelter Konsonant

1. Finde die passenden Reimpaare.
   Male sie in der gleichen Farbe an.

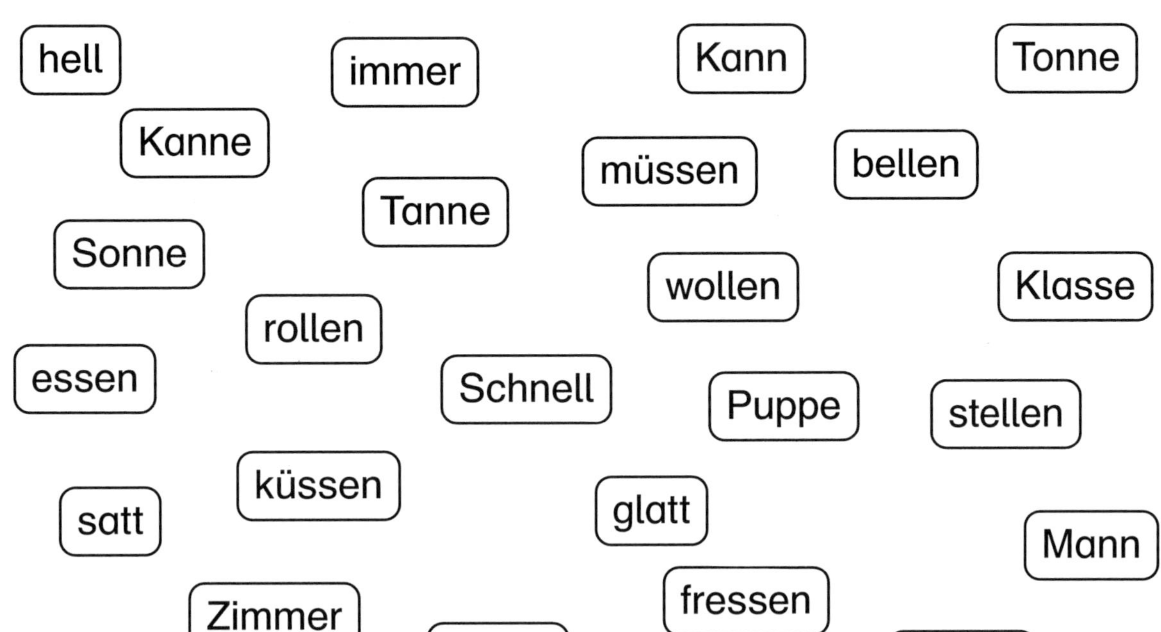


2. Verbinde die Einzahl (Singular) mit der passenden Mehrzahl (Plural).

| Einzahl | Mehrzahl |
|---|---|
| der Stoff | die Blätter |
| das Bett | die Bälle |
| das Blatt | die Stoffe |
| das Schiff | die Nüsse |
| der Kuss | die Betten |
| der Mann | die Fälle |
| der Ball | die Küsse |
| der Fall | die Ställe |
| der Stall | die Schiffe |
| die Nuss | die Schüsse |
| der Schuss | die Männer |

BVK • Sonja Schneider / Katja Zigan: Rechtschreibprofi Band 3

Name: ______________________ Datum: ______________

# Übung 2: Doppelter Konsonant

1. Immer drei Wörter gehören zu einer Wortfamilie.
Male sie in der gleichen Farbe an. Schreibe sie in dein Heft.
Schreibe so: das Gebrüll – er brüllt – brüllen

das Gebrüll | ermessen | offen | der Füller

die Hoffnung | messen | die Sonne

die Bitte | rollen | er öffnet | hoffen

er brüllt | die Füllung | sich sonnen

die Rolle | füllen

bitten | hoffend

die Messung | brüllen

sonnig | es rollt

bittend | die Öffnung

2. Verlängere das Wort. Schreibe es auf.

| | | | |
|---|---|---|---|
| das Fell | die Felle | das Blatt | |
| hell | | das Brett | |
| schnell | | nett | |
| satt | | still | |
| glatt | | der Stoff | |
| der Ball | | er brüllt | |
| krumm | | voll | |
| dumm | | das Schiff | |

BVK • Sonja Schneider / Katja Zigan: Rechtschreibprofi Band 3

Name: ______________________ Datum: ______________

## Übung 3: Doppelter Konsonant

Was stimmt? Streiche das falsche Wort durch.
Schreibe das richtige Wort. Zeichne die Silbenbögen.

**das ~~Waser~~** oder **das Wasser**

das Wasser

**der Besen** oder **der Bessen**

**hel** oder **hell**

**bilig** oder **billig**

**wolen** oder **wollen**

**komen** oder **kommen**



Name: ______________________ Datum: ______________

## Übung 3: Doppelter Konsonant

Ordne die Wörter nach Nomen, Verben und Adjektiven in die Tabelle ein.
Markiere den doppelten Konsonanten rot.

kommen • die Kanne • nass • die Nuss • messen • toll • schnurren • das Messer • hell • die Wolle • klettern • müssen • der Sessel • essen • der Sonntag • dünn • bissig • satt

| Nomen | Verben | Adjektive |
|---|---|---|
| | | |
| | | |
| | | |
| | | |
| | | |
| | | |

Name: ______________________ Datum: ______________

# Übung 1: aa, ee, oo

1. Trage aa, ee oder oo ein. Schreibe das Wort auf.
   Markiere den doppelten Vokal (aa, ee, oo) gelb.

   a) Trage aa ein.

| | | | |
|---|---|---|---|
| die H<u>aa</u>re | die Haare | der S___l | ________ |
| die S___t | ________ | das P___r | ________ |
| die W___ge | ________ | der St___t | ________ |

   b) Trage ee ein.

| | | | |
|---|---|---|---|
| der Schn___ | ________ | das M___r | ________ |
| die F___ | ________ | der S___ | ________ |
| der T___ | ________ | die All___ | ________ |

   c) Trage oo ein.

| | | | |
|---|---|---|---|
| das M___s | ________ | das M___r | ________ |
| c___l | ________ | d___f | ________ |
| der P___l | ________ | der Z___ | ________ |

2. Immer zwei Wörter reimen sich. Male die Reimpaare in der gleichen Farbe an. Schreibe sie auf. Markiere den doppelten Vokal gelb.

der Saal | leer | der See | das Paar | das Haar | der Schnee | der Pool | der See | der Klee | cool | der Aal | das Meer

______________________ ______________________

______________________ ______________________

______________________ ______________________

Name: ______________________ Datum: ______________

# Übung 1: aa, ee, oo

1. Schreibe das passende Wort zum Bild. Achte auf den doppelten Vokal (aa, ee, oo). Markiere den doppelten Vokal gelb.

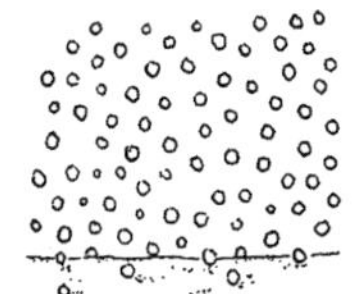

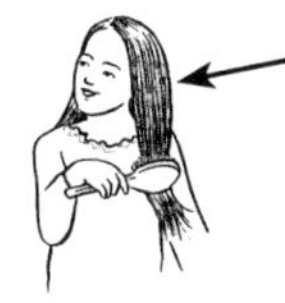
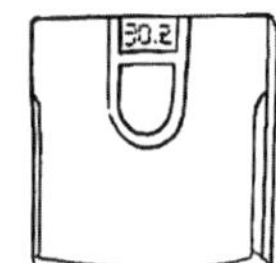

2. Streiche das falsche Wort durch.
Schreibe das Wort richtig auf.

**das Beet** oder **das ~~Bet~~**

das Beet

**das Bot** oder **das Boot**

**die Bere** oder **die Beere**

**die Wage** oder **die Waage**

**die Seele** oder **die Sele**

**der Tee** oder **der Te**

**der Schne** oder **der Schnee**

**der Zo** oder **der Zoo**

**der Klee** oder **der Kle**

**col** oder **cool**

Name: ______________________ Datum: ______________

# Übung 2: aa, ee, oo

1. Ordne die Wörter nach aa, ee, oo in die Tabelle ein.
   Markiere den doppelten Vokal gelb.

die Seele • das Moor • die Haare • der Kaffee • das Paar • das Boot • die Beere • das Shampoo • der Aal • die Allee • die Waage • der Zoo • das Püree • der Saal • das Meer

| aa | ee | oo |
|---|---|---|
| | | |
| | | |
| | | |
| | | |
| | | |
| | | |

2. Welches Wort passt zum Bild? ☒ Kreuze an.

Im Beet wächst das Gemüse. ☐
Im Bett wächst das Gemüse. ☐

Im Tee schwimmt der Teebeutel. ☐
Im See schwimmen Fische. ☐

Anna badet im Meer. ☐
Anna badet in Teer. ☐

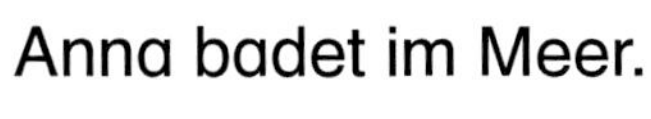

Die Eltern trinken Kaffee. ☐
Die Eltern sitzen im Saal. ☐

Tim wiegt mit der Waage das Püree. ☐
Tim wiegt mit der Waage die Beeren. ☐

BVK • Sonja Schneider / Katja Zigan: Rechtschreibprofi Band 3

Name: ______________________________ Datum: ______________

# Übung 2: aa, ee, oo

1. Finde alle 10 Wörter mit aa, ee und oo.
   Schreibe sie in dein Heft.

| S | X | F | V | R | G | K | G | S | A | A | L |
|---|---|---|---|---|---|---|---|---|---|---|---|
| C | H | M | O | O | S | K | L | Ö | B | C | S |
| H | Q | A | D | F | R | G | L | Ö | P | G | Q |
| N | A | Y | R | Z | A | X | E | V | X | Y | A |
| E | S | V | F | O | X | C | E | A | C | R | T |
| E | D | J | Z | O | E | T | R | Y | O | Z | M |
| X | G | L | H | A | K | Ä | C | Q | O | O | E |
| W | A | A | G | E | L | H | F | A | L | J | E |
| I | V | W | D | G | H | N | C | A | W | G | R |
| D | O | O | F | Ä | H | A | A | R | E | V | Y |

2. Trage die Wörter mit aa, ee und oo in die Lücken ein.

Zoo • Pool • Moos • Fee • Haare • Waage •
Schnee • Boot • Allee • Beeren

Eine ______________ ist eine große Straße mit Bäumen zu beiden Seiten.

Die ______________ zeigt immer zu viel Gewicht an.

Das ______________ wächst immer auf der Schattenseite.

Im ______________ beobachten die Kinder die Affen.

Eine kleine ______________ fliegt unbemerkt durch Ellas Fenster.

Hannah wünscht sich zu Weihnachten ganz viel ______________ .

Die Sonne scheint. Die Kinder toben im ______________ .

Marks Eltern fahren mit ihrem ______________ auf dem Fluss .

Susi wäscht und föhnt sich ihre langen ______________ .

Im Spätsommer ernten die Fischers ihre ______________ vom Strauch.

Name: ______________________ Datum: ______________

# Übung 1: ie

1. Kreise alle Bilder mit ie ein.

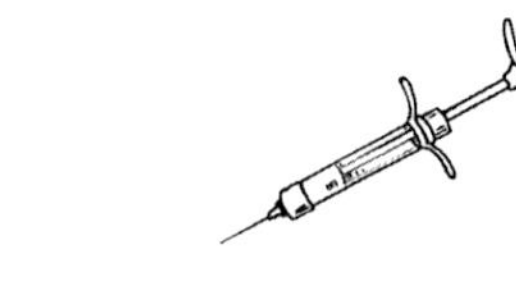

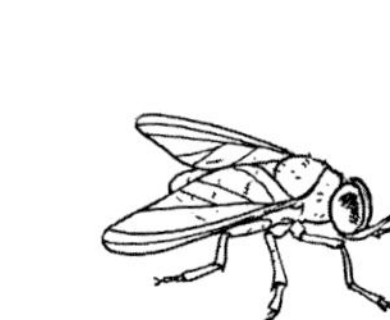

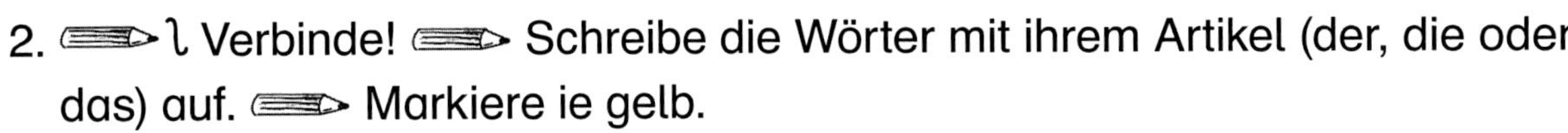

2. Verbinde! Schreibe die Wörter mit ihrem Artikel (der, die oder das) auf. Markiere ie gelb.

| | | |
|---|---|---|
| Zwie | ben | ______ |
| Bie | gel | ______ |
| Sie | ne | ______ |
| Zie | bel | ______ |
| Spie | ge | ______ |
| Brie | re | ______ |
| Schie | fel | ______ |
| Tie | se | ______ |
| Stie | ne | ______ |
| Rie | fe | ______ |

BVK • Sonja Schneider / Katja Zigan: Rechtschreibprofi Band 3

Name: ____________________ Datum: ____________

# Übung 1: ie

1. Zeichne die Silbenbögen. Schreibe das Wort in Silben getrennt auf. Markiere ie gelb. Was fällt dir auf?

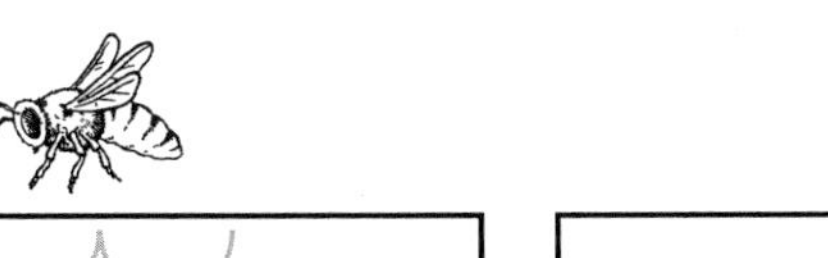

Bie-ne

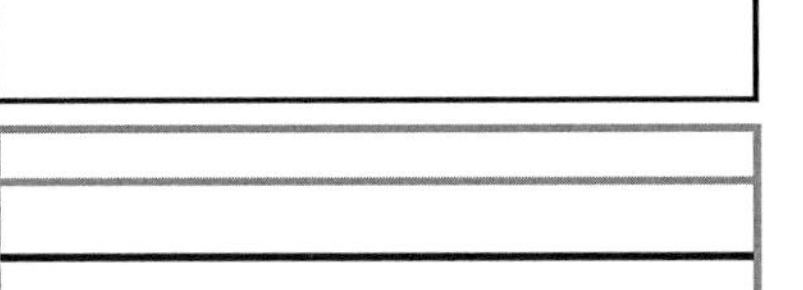

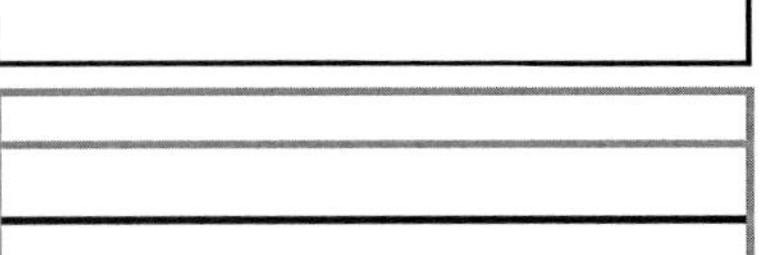

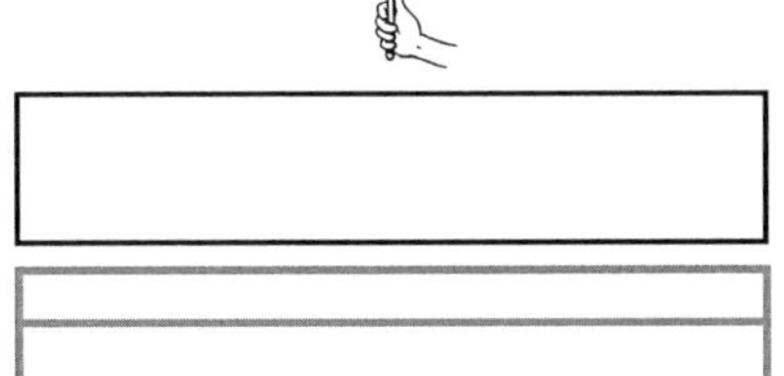

7

2. Zeichne Silbenbögen unter das Wort. Ordne die Wörter nach ie und i in die Tabelle ein. Schreibe sie in Sil-ben-schrift in die Tabelle. Markiere ie gelb.

| Anspitzer | spielen | Ziege | Schilder |
|---|---|---|---|
| zielen | finden | Kirche | Tiere |
| Birne | Diebe | Rinde | Wiege |

| **Wörter mit ie** | **Wörter mit i** |
|---|---|
| | |
| | |
| | |
| | |
| | |
| | |

Name: ____________________ Datum: ____________

# Übung 2: ie

1. Immer zwei Wörter reimen sich. Finde die Reimpaare.
   Male sie in der gleichen Farbe an und schreibe sie in dein Heft.

zielen | das Tier | die Wiese | spielen | kriechen

die Liege | liegen | das Sieb | der Dieb

riechen | der Stier | schließen

fließen

der Riese | die Wiege | siegen

2. Verbinde Einzahl (Singular) und Mehrzahl (Plural) richtig.
   Markiere ie gelb.

| Einzahl | Mehrzahl |
|---|---|
| der Dieb | die Stiefel |
| das Sieb | die Riesen |
| der Stiefel | die Diebe |
| der Riese | die Fliegen |
| die Fliege | die Siebe |
| die Biene | die Stiere |
| der Stier | die Liegen |
| die Zwiebel | die Ziegen |
| die Ziege | die Spiele |
| die Liege | die Zwiebeln |
| das Spiel | die Bienen |

Name: ______________________ Datum: ______________

# Übung 2: ie

1. Immer drei Wörter gehören zu einer Wortfamilie.
   Male sie in der gleichen Farbe an.
   Schreibe alle Wörter aus einer Wortfamilie zusammen in dein Heft.

2. Ergänze die Tabelle. Schreibe entweder die Einzahl (Singular) oder die Mehrzahl (Plural) auf. Markiere ie gelb.

| Einzahl (Singular) | Mehrzahl (Plural) |
|---|---|
| der Riese | |
| | die Diebe |
| | die Ziegen |
| die Zwiebel | |
| | die Schienen |
| der Spiegel | |
| das Tier | |
| | die Wiesen |
| der Stiefel | |
| | die Fliesen |

Name: ______________________ Datum: ____________

## Übung 3: ie

Finde die 10 Wörter mit ie. Schreibe sie in dein Heft.

| | | | | | | | | | | | |
|---|---|---|---|---|---|---|---|---|---|---|---|
| G | F | B | P | B | R | I | E | F | U | I | O |
| S | D | I | T | P | Q | D | F | G | H | J | Z |
| G | V | E | R | V | X | S | I | E | G | Z | W |
| W | V | N | J | I | F | G | H | J | K | L | I |
| I | X | E | W | E | M | K | L | F | E | F | E |
| E | Q | S | B | R | V | D | I | E | B | H | B |
| S | W | X | Q | W | Z | R | T | X | U | O | E |
| E | E | C | F | L | I | E | G | E | T | Z | L |
| D | T | V | B | N | M | A | D | F | R | H | J |
| S | C | H | I | E | N | E | X | Z | I | E | L |



Name: ______________________ Datum: ____________

## Übung 3: ie

i oder ie? Setze ein! **Tipp:** Zeichne Silbenbögen!
Gibt es nur eine Silbe, verlängere das Wort.

| | | | |
|---|---|---|---|
| K__nd | Z__ge | B__ne | f__nden |
| B__ld | R__se | br__ngen | sp__len |
| L__d | H__lfe | T__re | z__len |
| Fl__ge | spr __ngen | Br__f | b__nden |

Name: ______________________ Datum: ______________

# Übung 1: Verlängerungsprobe: Auslautverhärtung d / t

1. Welche Wörter gehören zusammen? Schreibe auf!

| | | |
|---|---|---|
| der Hund | ______________ | die Länder • |
| die Hand | ______________ | die Schilder • |
| der Wald | ______________ | die Hunde • |
| das Bild | ______________ | die Bilder • |
| der Freund | ______________ | die Kinder • |
| das Kind | ______________ | die Kinder • |
| das Land | ______________ | die Ränder • |
| der Rand | ______________ | die Wälder • |
| das Schild | ______________ | die Freunde • |
| | | die Hände |

2. Finde das Beweiswort (Mehrzahl).
Schreibe es auf. Zeichne die Silbenbögen.

die Hand

das Schild ______________

der Hund ______________

der Strand ______________

der Wind ______________

der Freund ______________

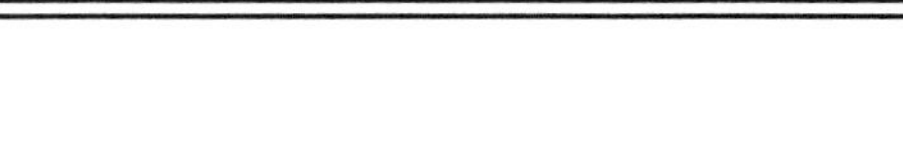

der Wald ______________

das Hemd ______________

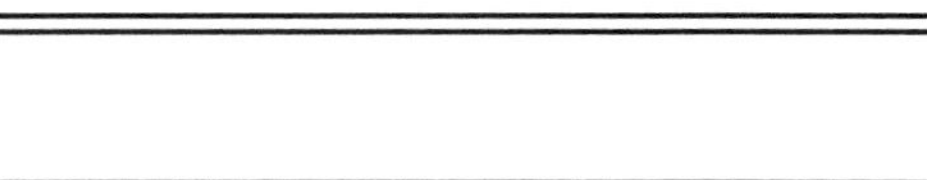

das Kind ______________

das Bild ______________

Name: ______________________________ Datum: ______________

# Übung 1: Verlängerungsprobe: Auslautverhärtung d / t

1. Finde die Reimwörterpaare. Verbinde! Schreibe die Wortpaare in Sil-ben-schrift in dein Heft. **Beispiel:** das Kind – die Kin-der

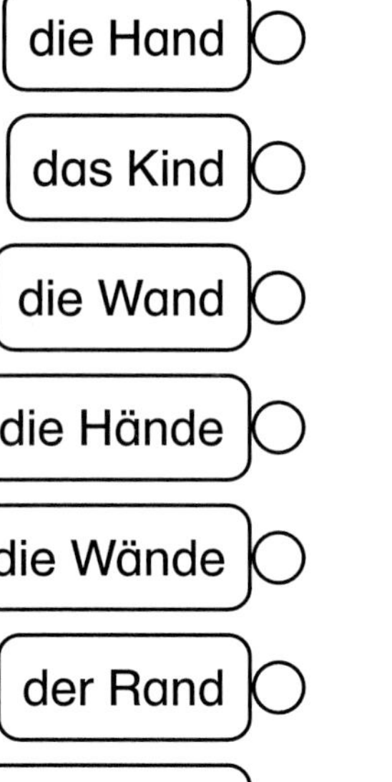

| | |
|---|---|
| die Hand | der Strand |
| das Kind | das Land |
| die Wand | das Rind |
| die Hände | die Strände |
| die Wände | die Wand |
| der Rand | die Länder |
| die Kinder | die Wände |
| die Ränder | die Rinder |

2. d oder t? Finde das Beweiswort (Mehrzahl). Schreibe es auf. Zeichne die Silbenbögen.

| | | | |
|---|---|---|---|
| der Hel**d** | die Hel**d**en | das Kin__ | |
| der Wal__ | | das Bro__ | |
| die Wel__ | | die Han__ | |
| der Pira__ | | der Mon__ | |
| das Ra__ | | der Stif__ | |

Name: ______________________ Datum: ______________

# Übung 2: Verlängerungsprobe: Auslautverhärtung d / t

1. Finde das Beweiswort. Es kann ein Nomen, Verb oder Adjektiv sein.
   Schreibe es auf. Zeichne die Silbenbögen.

der San**d**

das Land ______________

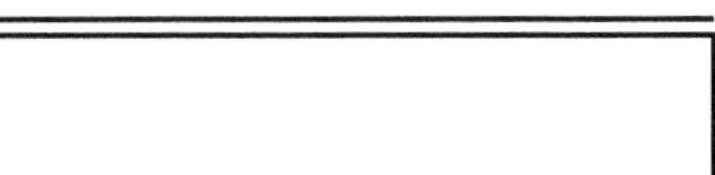

das Kind ______________

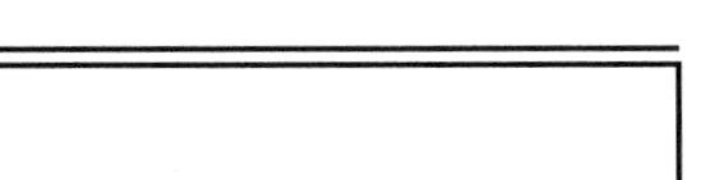

der Freund ______________

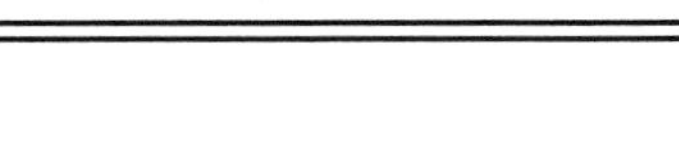

die Schuld ______________

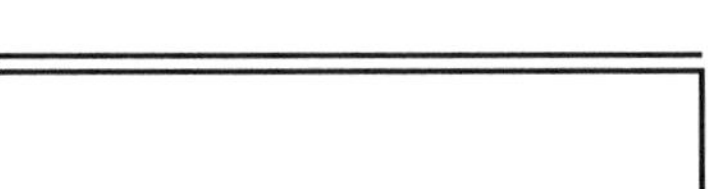

die Wand ______________

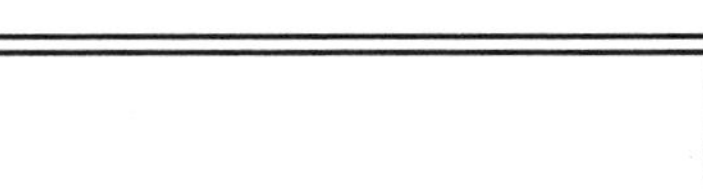

der Strand ______________

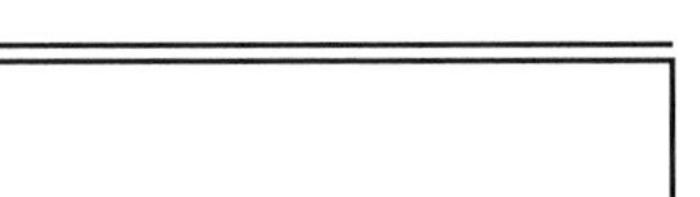

das Bild ______________

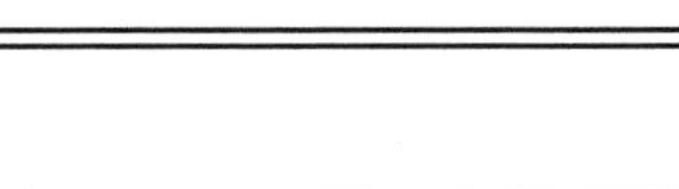

das Bad ______________

der Hund ______________

2. Schreibe die richtigen Wörter in die Lücken.
   Schreibe auch das Beweiswort auf.

rund • ~~Kind~~ • Hund • Hand • Fahrrad • Hemd • Wald • Freund

| | **Beweiswort** |
|---|---|
| Das Kind spielt auf dem Spielplatz. | Kinder |
| Papa bügelt sein ______________ . | ______________ |
| Der ______________ sucht den Knochen. | ______________ |
| Der Ball ist ______________ . | ______________ |
| Heute gehen wir im ______________ spazieren. | ______________ |
| Der kleine Junge läuft an der ______________ . | ______________ |
| Tim fährt mit seinem ______________ zum See. | ______________ |
| Mein ______________ spielt mit mir. | ______________ |

Name: ______________________ Datum: ______________

# Übung 2: Verlängerungsprobe: Auslautverhärtung d / t

1. Suche die Wörter, die zu einer Wortfamilie gehören.
   Kreise sie ein. Benutze für jede Wortfamilie eine andere Farbe.
   Schreibe die Wörter aus einer Familie zusammen auf. Ein Wort ist das Beweiswort. Schreibe es auf die obere Linie.

der Freun**d** • die Lan**d**schaft • han**d**lich • freun**d**lich • das Kin**d** • lan**d**en • das Schulkin**d** • der Han**d**ball • die Freun**d**schaft • die Hän**d**e • das Baulan**d** • kin**d**lich • die Freun**d**e • kin**d**isch • das Lan**d** • das Han**d**tuch

2. Finde die 10 Wörter mit d. Schreibe sie in dein Heft.
   Schreibe dann mit 3 Wörtern je einen Satz.

| X | F | R | E | U | N | D | X | W | A | L | D | V | B | Y | H |
|---|---|---|---|---|---|---|---|---|---|---|---|---|---|---|---|
| R | A | G | J | K | L | T | E | W | O | N | M | C | L | Q | A |
| U | R | Y | S | T | R | A | N | D | V | E | Z | T | I | S | N |
| N | Q | S | X | F | T | Z | H | I | U | K | P | O | N | R | D |
| D | C | B | I | L | D | F | K | I | N | D | S | B | D | G | W |
| J | X | F | V | B | H | N | M | K | J | H | G | F | M | Z | F |
| S | C | H | I | L | D | Y | N | F | A | H | R | R | A | D | V |

BVK • Sonja Schneider/Katja Zigan: Rechtschreibprofi Band 3

Name: ______________________ Datum: ______________

# Übung 1: Verlängerungsprobe: Auslautverhärtung b / p

1. Welche Wörter gehören zusammen? Male sie jeweils in der gleichen Farbe an. Schreibe die Wortpaare auf.

der Stab | die Siebe | die Körbe | die Urlaube | die Stäbe

der Dieb | der Urlaub | die Diebe | das Sieb | der Korb

______________________________________________

______________________________________________

______________________________________________

______________________________________________

______________________________________________

______________________________________________

2. Finde das Beweiswort. Schreibe es auf. Zeichne die Silbenbögen.

| | | | |
|---|---|---|---|
| er gibt | geben | es bleibt | |
| sie liebt | | er raubt | |
| es lebt | | sie schiebt | |
| er glaubt | | es staubt | |
| sie hebt | | er schreibt | |

Name: ______________________ Datum: ______________

# Übung 1: Verlängerungsprobe: Auslautverhärtung b/p

1. Finde das Beweiswort (Mehrzahl).
   Schreibe es auf. Zeichne die Silbenbögen.

| | | | |
|---|---|---|---|
| der Stab | die Stäbe | der Urlaub | |
| der Dieb | | das Grab | |
| der Korb | | das Kalb | |
| der Betrieb | | der Hieb | |
| das Sieb | | das Eigelb | |

2. Schreibe die richtige Verbform in die Lücken. Das Beweiswort hilft dir.

| | **Beweiswort** |
|---|---|
| Sara ______________ den Stift auf. | heben |
| Toni ______________ einen Brief an seine Oma. | schreiben |
| Der Dieb ______________ das Geld. | rauben |
| Lina ______________ Nudeln mit Tomatensoße. | lieben |
| John ______________ in Amerika. | leben |
| Papa ______________ , dass es heute regnet. | glauben |
| Lisa ______________ ihre Schwester im Kinderwagen. | schieben |
| Bei Gewitter ______________ die Katze im Haus. | bleiben |

Name: ______________________ Datum: ______________

# Übung 2: Verlängerungsprobe: Auslautverhärtung b / p

1. b oder p? Finde das Beweiswort. Zeichne die Silbenbögen.
   **Achtung:** Ein Wort schreibt man mit p!

| | | | |
|---|---|---|---|
| das Sie**b** |  | schie__t | 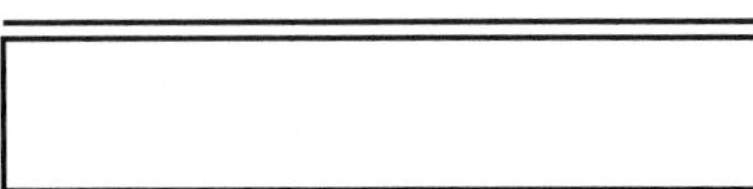 |
| der Stau__ | 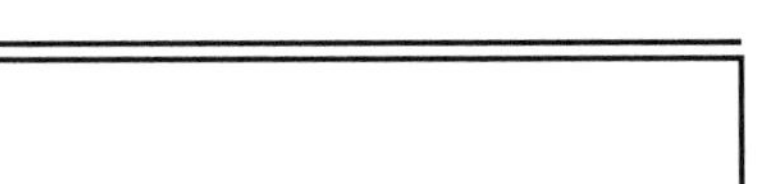 | lie__ | das ________ Kind |
| der Die__ | 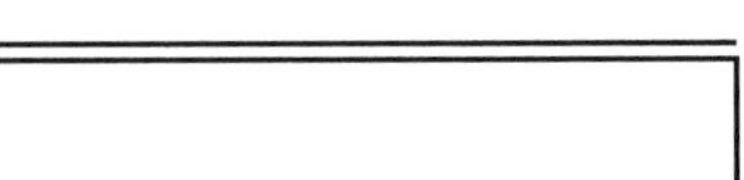 | gel__ | der ________ Stift |
| schrei__t | 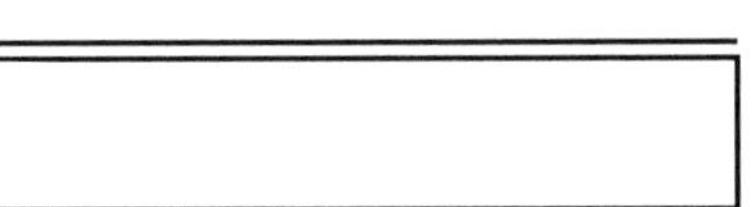 | plum__ | der ________ Elefant 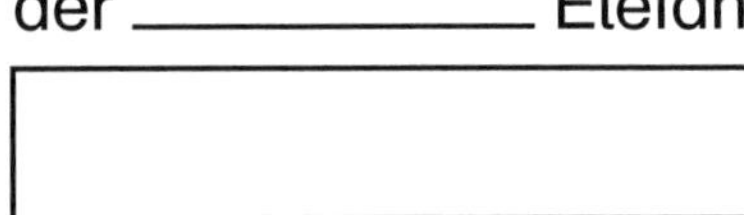 |
| he__t | ________ | tau__ | der ________ Mann |

2. Schreibe die richtigen Wörter in die Lücken. Das Beweiswort hilft dir.

| | **Beweiswort** |
|---|---|
| Der Polizist verhaftet den Dieb. | Diebe |
| Die Sonne ist ________ . | ________ |
| Auf den alten Büchern liegt dicker ________ . | ________ |
| Für manche Sportarten braucht man einen ________ . | ________ |
| Lea hat ihren kleinen Bruder sehr ________ . | ________ |
| Die Bäuerin sammelt die Äpfel in einem ________ . | ________ |
| Im Sommer verbringen wir unseren ________ am Meer. | ________ |
| Auf dem Bauernhof gibt es ein kleines ________ . | ________ |

Korb • lieb • Kalb • ~~Dieb~~ • gelb • Stab • Urlaub • Staub

Name: ______________________ Datum: ______________

# Übung 2: Verlängerungsprobe: Auslautverhärtung b / p

1. Suche die Wörter, die zu einer Wortfamilie gehören.
Unterstreiche sie mit dem Lineal. Benutze für jede Wortfamilie eine andere Farbe.
Schreibe die Wörter aus einer Familie zusammen auf. Ein Wort ist das Beweiswort. Schreibe es auf die obere Linie.

der Stau**b** • die Lie**b**e • der Ladendie**b** • schrei**b**en • lie**b**lich • der Stau**b**sauger • schrei**b**t • die**b**isch • die Schrei**b**hand • der Die**b**stahl • gelie**b**t • der Die**b** • die Schrei**b**schrift • a**b**stau**b**en • lie**b** • stau**b**saugen

2. Finde die 10 Wörter mit b. Schreibe sie in dein Heft.
Schreibe mit drei Wörtern je einen Satz.

| | | | | | | | | | | | | | | | |
|---|---|---|---|---|---|---|---|---|---|---|---|---|---|---|---|
| L | I | E | B | Y | S | V | X | L | E | I | B | Q | U | E | S |
| Q | K | G | T | H | T | J | M | N | B | F | R | W | R | L | T |
| G | O | D | F | Z | A | U | J | T | A | U | B | M | L | R | A |
| R | R | H | J | M | B | Ö | I | P | X | A | J | Q | A | F | U |
| A | B | Q | E | G | M | L | S | I | E | B | B | S | U | Ä | B |
| B | Z | D | I | E | B | X | C | G | E | L | B | V | B | Q | N |

BVK • Sonja Schneider / Katja Zigan: Rechtschreibprofi Band 3

Name: ______________________ Datum: ______________

# Übung 1: Verlängerungsprobe: Auslautverhärtung g / k

1. Welche Wörter gehören zusammen? Verbinde!
   Schreibe die Wortpaare in dein Heft.

| | |
|---|---|
| der Weg ○ | ○ die Stege |
| der Berg ○ | ○ die Berge |
| der Steg ○ | ○ die Züge |
| der Zwerg ○ | ○ die Wege |
| der Zweig ○ | ○ die Erfolge |
| der Zug ○ | ○ die Zwerge |
| der Sieg ○ | ○ die Zweige |
| der Erfolg ○ | ○ die Siege |

2. Finde das Beweiswort. Schreibe es auf.
   Zeichne die Silbenbögen.

| | | | |
|---|---|---|---|
| er siegt | siegen | es zeigt | |
| sie liegt | 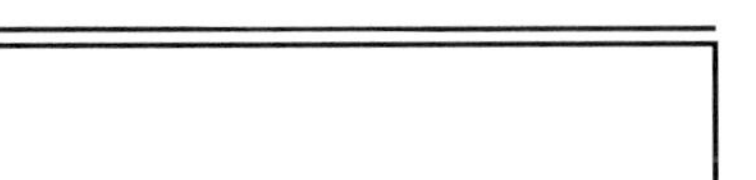 | er betrügt | 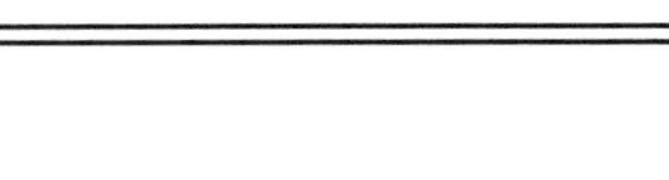 |
| es fliegt | 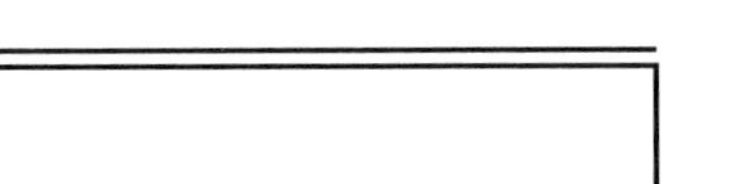 | sie mag | 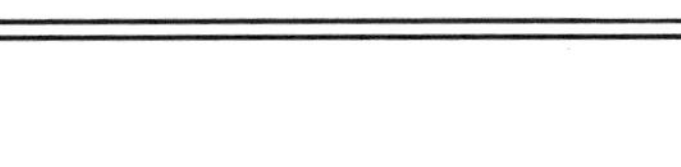 |
| er schweigt | 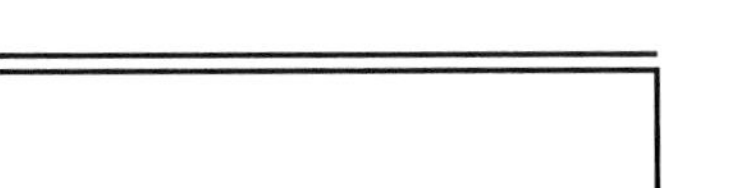 | es fragt | |
| sie lügt |  | er fegt | |

Name: ________________________ Datum: ____________

# Übung 1: Verlängerungsprobe: Auslautverhärtung g / k

1. Finde das Beweiswort (Mehrzahl). Schreibe es auf.
   Zeichne die Silbenbögen beim Beweiswort.

der Weg 

der Zwerg ____________ 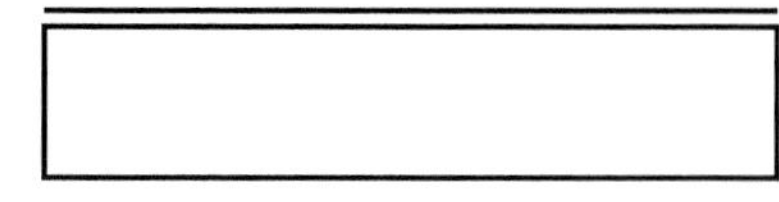

der Steg ____________

der Erfolg ____________

der Flug ____________

der Krieg ____________ 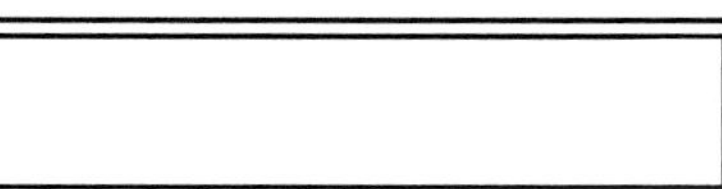

der Sieg ____________

der Zweig ____________

der Berg ____________

der Tag ____________

die Burg ____________

der Zug ____________

2. Schreibe die richtigen Verbformen in die Lücken.
   Das Beweiswort hilft dir.

| | **Beweiswort** |
|---|---|
| Der Mann ____________ nach dem Weg. | fragen |
| Leon ____________ die richtige Antwort. | sagen |
| Der Stift ____________ neben dem Heft. | liegen |
| Jule ____________ keine Tomaten. | mögen |
| Der Vogel ____________ hoch oben am Himmel. | fliegen |
| Die Lehrerin ____________ die Aufgabe an der Tafel. | zeigen |
| Oma ____________ beim Kartenspiel. | siegen |
| Beim Verhör ____________ der Einbrecher. | lügen |

Name: ______________________ Datum: ______________

# Übung 2: Verlängerungsprobe: Auslautverhärtung g / k

1. g oder k? Finde das Beweiswort. Schreibe es auf. Zeichne die Silbenbögen.

der Zug die 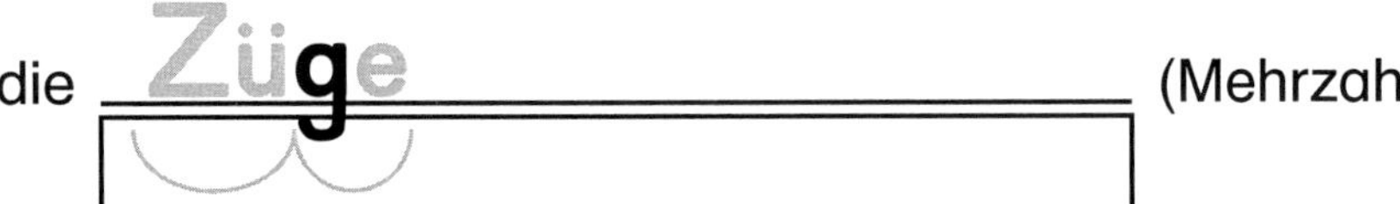 (Mehrzahl)



der Ausflu__ die 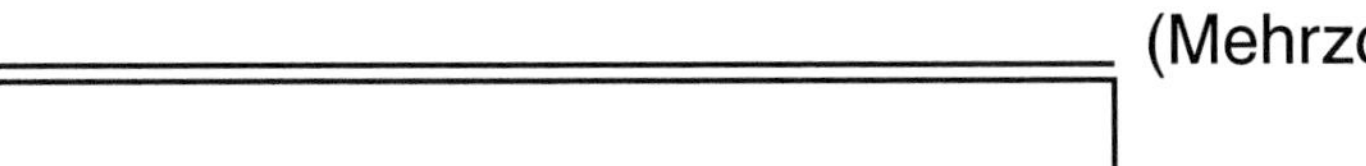 (Mehrzahl)

er flie__t 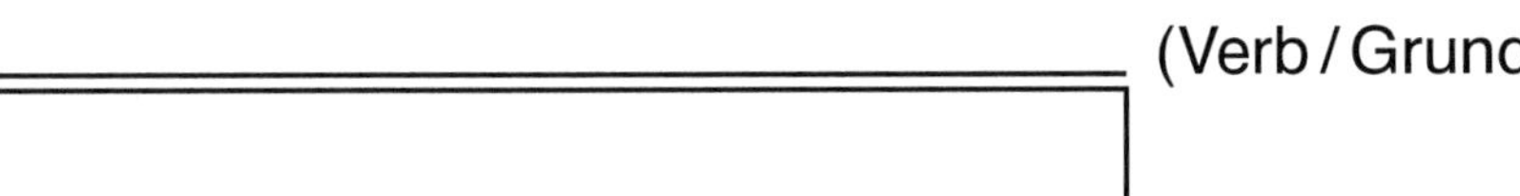 (Verb / Grundform)

schlan__ die 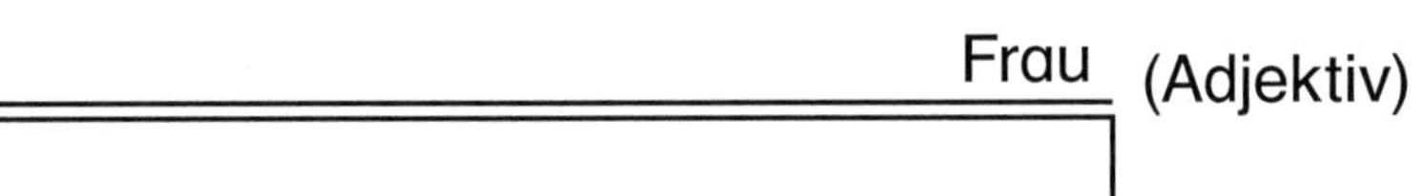 Frau (Adjektiv)

le__t ______________________ (Verb / Grundform)

2. Schreibe die richtigen Wörter in die Lücken.

Erfolg • Getränk • Berg • Weg • Zwerg • Ausflug • Montag

**Beweiswort**

Im Sommer trinke ich gerne ein kaltes ______________ . 

Am Wochenende machen wir einen ______________ . ______________

Der Tourist fragt nach dem ______________ . ______________

Jeden ______________ geht Rosi zum Turnen. ______________

Die Mannschaft freut sich über ihren ______________ . ______________

Das Gegenteil von Riese ist ______________ . ______________

Moritz und Paula wandern auf den ______________ . ______________

Name: ______________________ Datum: ______________

# Übung 2: Verlängerungsprobe: Auslautverhärtung g / k

1. Suche die Wörter, die zu einer Wortfamilie gehören.
   Kreise sie ein. Benutze für jede Wortfamilie eine andere Farbe.
   Schreibe die Wörter aus einer Familie zusammen auf. Ein Wort ist das Beweiswort. Schreibe es auf die obere Linie.

erfol**g**reich • der Flu**g** • fra**g**t • der Ber**g**bau • das Flu**g**zeug • es erfol**g**t • ber**gig** • flie**g**en • fra**g**würdi**g** • die Erfol**g**e • der Ber**g** • er flo**g** • abgefra**g**t • der Erfol**g** • ber**g**auf • die Fra**g**e

2. Finde die 10 Wörter mit g am Ende. Schreibe sie in dein Heft.
   Schreibe dann mit 3 Wörtern einen Satz.

| S | A | M | S | T | A | G | Y | B | E | R | G | X | K | V | U |
|---|---|---|---|---|---|---|---|---|---|---|---|---|---|---|---|
| Q | R | T | Z | U | I | O | P | L | K | J | H | G | A | F | M |
| A | N | Z | U | G | T | R | W | H | S | J | Z | K | T | L | Z |
| Q | W | D | F | C | V | B | E | Z | I | O | W | P | A | Ü | U |
| X | Z | W | E | R | G | X | G | V | E | V | E | M | L | Ä | G |
| Y | X | V | B | R | Z | U | J | N | G | C | I | J | O | K | L |
| F | L | U | G | Z | E | U | G | W | T | H | G | V | G | N | M |

BVK • Sonja Schneider / Katja Zigan: Rechtschreibprofi Band 3

Name: ______________________ Datum: ______________

# Übung 1: Silbentrennendes -h

1. Zeichne Silbenbögen unter das Wort. Schreibe das Wort getrennt auf. Markiere das silbentrennende -h gelb.

2. Immer zwei Wörter reimen sich. Finde die Reimpaare. Male sie in der gleichen Farbe an und schreibe sie auf.

sehen, mähen, ruhen, Mühe, Rehe, Schuh, Kuh, Nähe, fliehen, Krähe, ziehen, blühen, nähen, glühen, Kühe, muhen, Zehe, gehen

Name: ______________________________ Datum: ____________________

# Übung 1: Silbentrennendes -h

1. Ordne die Wörter richtig zu. Verbinde!

| | |
|---|---|
| sprühen | sie sieht |
| sehen | sie flieht |
| fliehen | das Reh |
| flehen | sie leiht |
| ruhen | nah |
| die Rehe | er sprüht |
| die Kühe | der Schuh |
| gehen | er ruht |
| die Schuhe | er flieht |
| näher | er geht |
| leihen | die Kuh |

2. Welche Wörter gehören zu einer Wortfamilie? Male sie an. Benutze für jede Wortfamilie eine andere Farbe. Schreibe alle Wörter einer Wortfamilie zusammen in dein Heft.

nähern | die Naht | sie näht | die Nähe | krähen

bemüht | bemühen | bedrohen | drehend | die Drohung

es dreht sich | sie kräht | sie droht | krähend | er bemüht sich

die Drehung | drohen | nähen | die Krähe

die Nähmaschine | die Mühe | nah | drehen | er nähert sich

Name: ______________________ Datum: ______________

## Übung 2: Silbentrennendes -h

Höre genau. Achte auf die Silben. Streiche das falsche Wort durch.
Schreibe das richtige Wort auf.

| | |
|---|---|
| die Schuhe / ~~die Schue~~ | die Schuhe |
| stehen / sten | ______________ |
| das Gewei / das Geweih | ______________ |
| die Brüe / die Brühe | ______________ |
| die Dreung / die Drehung | ______________ |
| die Ruhe / die Rue | ______________ |
| der Früling / der Frühling | ______________ |
| das Früstück / das Frühstück | ______________ |
| leien / leihen | ______________ |

Name: ______________________ Datum: ______________

## Übung 2: Silbentrennendes -h

Das h hört man nicht, also verlängere das Wort.
Schreibe es getrennt auf. Markiere das silbentrennende -h gelb.

| | | | |
|---|---|---|---|
| die Kuh | die Kü-he | zäh | ______________ |
| der Schuh | ______________ | roh | ______________ |
| das Geweih | ______________ | er ruht | ______________ |
| das Reh | ______________ | sie dreht | ______________ |
| der Floh | ______________ | es blüht | ______________ |
| nah | ______________ | sie steht | ______________ |
| froh | ______________ | er geht | ______________ |
| früh | ______________ | es weht | ______________ |

Name: ______________________ Datum: ______________

# Übung 1: Dehnungs-h (oder stummes -h)

1. Das Dehnungs-h hörst du beim Sprechen nicht.
   Kreise alle Wörter mit einem Dehnungs-h gelb ein.

während unter der Sohn reimen

die Fahne das Jahr die Gefahr die Bahn

die Zahl stumm kratzen der Lehrer sagen

nehmen

machen der Zahn

ähnlich ehrlich

fahren

durch ohne quer

die Woche

fallen kriechen mehr

üben der Fehler

legen fliegen

der Frühling der Stuhl wohnen

2. Verbinde die Reimpaare und schreibe sie zusammen auf.
   Markiere das Dehnungs-h gelb und m, r, l und n blau.

| | |
|---|---|
| Bahn | Hohn |
| Lohn | Fahrt |
| Bohne | Zahn |
| Wahl | ohne |
| Draht | wählen |
| Zählen | Ehre |
| Mühle | Zahl |
| Lehre | Gefühle |

BVK • Sonja Schneider / Katja Zigan: Rechtschreibprofi Band 3

Name: ______________________________ Datum: ______________

# Übung 1: Dehnungs-h (oder stummes -h)

1. Füge das Dehnungs-h ein. Schreibe das Wort auf.
   Markiere das Dehnungs-h gelb und m, r, l, und n blau.

| | | | |
|---|---|---|---|
| die Fa<u>h</u>rt | die Fahrt | ernä__ren | ________ |
| me__r | ________ | ne__men | ________ |
| die Wo__nung | ________ | ungefä__r | ________ |
| das Gefü__l | ________ | e__rlich | ________ |
| die Hö__le | ________ | die Fü__rung | ________ |
| das Hu__n | ________ | kü__l | ________ |
| der So__n | ________ | bo__ren | ________ |

2. Welche Wörter gehören zu einer Wortfamilie? Male sie an. Benutze für jede Wortfamilie eine andere Farbe. Schreibe alle Worter einer Wortfamilie zusammen in dein Heft. Markiere das Dehnungs-h gelb und m, r, l und n blau.

er fühlt | er wählt | erzählen | er ernährt sich

die Wohnung | die Fahrt | sie wohnt

belohnt | gefährlich

die Erzählung

die Nahrung | ernähren | wohnen

sie erzählt

fühlen | gefährdet

fahren | wählen | der Lohn | das Gefühl

es lohnt sich | die Gefahr | die Vorfahrt | die Wahl

Name: ______________________ Datum: ______________

# Übung 2: Dehnungs-h (oder stummes -h)

1. a) Zeichne die Tabelle in dein Heft. Ordne die Wörter nach ah / äh / eh in die Tabelle ein. Markiere ah / äh / eh.

die Ausfahrt • die Erzählung • mehr • ähnlich • ehrlich • während • allmählich • die Bahn • die Lehrerin • die Gefahr • die Fahne • sehr

| ah | äh | eh |
|---|---|---|
| | | |

b) Zeichne die Tabelle in dein Heft. Ordne die Wörter nach oh / öh / uh / üh in die Tabelle ein. Markiere oh / öh / uh / üh.

wohnen • fröhlich • der Stuhl • das Huhn • die Höhle • fühlen • das Gefühl • das Ohr • die Uhr • rühren • das Fohlen • die Söhne

| oh | öh | uh | üh |
|---|---|---|---|
| | | | |



Name: ______________________ Datum: ______________

# Übung 2: Dehnungs-h und silbentrennendes -h

Unterscheide Dehnungs-h und silbentrennendes -h.
Übertrage die Tabelle in dein Heft und ordne richtig ein.

**Tipp 1:** Verlängere beim silbentrennenden -h!
**Tipp 2:** Achte auf den langen Vokal und auf m, n, r und l!

die Schuhe • die Höhle • der Rasenmäher • das Fohlen • sehen • der Stuhl • glühen • mehr • die Kuh • die Gefahr • die Nähe • fahren • drohen • hohl • nähen • während • der Fehler • blühen

| silbentrennendes -h | Dehnungs-h |
|---|---|
| | |

BVK • Sonja Schneider / Katja Zigan: Rechtschreibprofi Band 3